奥 运 会 的 科 技 传

U0623986

单手投篮也疯狂

——运动的技术含量

中国科学技术馆 组织编写

殷 皓 主 编

中国科学技术出版社

·北 京·

图书在版编目（CIP）数据

单手投篮也疯狂：运动的技术含量/ 中国科学技术馆 组织编写；殷皓主编. ––北京：中国科学技术出版社，2012.7（2019.8重印）

（奥运会的科技传奇）

ISBN 978-7-5046-6099-2

I. ①单··· II. ①中···②殷··· III. ①运动技术– 少儿读物 IV.①G819-49

中国版本图书馆 CIP 数据核字 (2012) 第 087921 号

主　　编	殷　皓
副 主 编	黄体茂　欧建成
执行主编	廖　红
编　　委	（按姓氏笔画排序）
	任贺春　李　根　吴甲子　周明凯　赵志敏　曾　敏
插　　图	高莉莉　刘艳艳　马　洁
电脑制作	刘　荫　王丹丹　王　唯　张丽丽　张玄烨
策划编辑	肖　叶　李　睿
责任编辑	李　睿
封面设计	高莉莉　马　洁
责任校对	林　华
责任印刷	李晓霖

中国科学技术出版社出版

北京市海淀区中关村南大街16 号　邮政编码：100081

电话：010-62173865　传真：010-62173081

http://www.cspbooks.com.cn

中国科学技术出版社有限公司发行部发行

天津泰宇印务有限公司印刷

*

开本：720 毫米 × 1000 毫米　1/16　印张：6.5　字数：120 千字

2012 年 7 月第 1 版　2019 年 8 月第 2 次印刷

印数：8001—28000 册　定价：22.50 元

ISBN 978-7-5046-6099-2/G · 584

科技助奥运，未来更辉煌

代 序

2012年又是一个奥运年。全世界不同国家、不同民族四年一次的盛会正在向我们走来。

科技，一直和奥运相伴。尽管创办奥运会的初衷是为了唤起人类自然属性的回归，但百余年来，奥运与科技的结合愈发紧密。奥运发展史就是科技发展史的一个侧面，科技的发展促进了奥运会从运动竞技成绩的提高到保障比赛的公平，从运动员的训练、装束到奥运比赛的实况转播、安全保障，从奥运设施建设与奥运服务至奥运会的组织管理等的全面提升与进步。直至今日，甚至可以说奥运会的每个角落都已经深深地烙上了科技的印记。

本套丛书面向青少年，以他们喜闻乐见的漫画形式，从古代奥运的故事、运动器材和装备、推动奥运的科技、科学健身与训练、运动的技术含量五个部分阐述奥运与科技的关系。每部分由20个妙趣横生的小故事组成，通过故事展现奥运精神及科技在奥运中的作用。故事后还配有头脑加油站，对故事中的科技点加以提炼和拓展，便于加深青少年的认识。丛书旨在帮助青少年了解奥运，弘扬奥林匹克精神，理解科技在奥运中的作用，从而普及奥运中的科学知识，弘扬科学技术是推动社会进步的根本力量。

走过了百余年历史的奥运，最初仅是"原生态"的体能比拼，如今早已经离不开科技的支持与保障。或者说，奥运会不仅是体育比赛也是科技比拼。两者相结合，为我们呈现了精彩纷呈的奥运盛典。这是历史的选择，是人类进步的足迹。

有科技相助的奥运，必将成就更为辉煌的未来。

中国科协书记处书记
中国科技馆馆长　　徐延豪

小朋友们，你们知道吗？在诸多的运动项目中，运动技术的作用非常重要。比如篮球、游泳、乒乓球、羽毛球、110米栏等，它们的动作技术要领会对成绩产生至关重要的影响！

本书中可爱的小熊们热爱运动，善于探讨、学习运动技术，各种运动项目的大比拼马上就要上演啦！书中还有一位教练爷爷，他能够对运动技术进行详细的讲解，小朋友们，快来和小熊们一起学知识长本领吧！

教练爷爷

一个胖嘟嘟的可爱小老头，他的本领可大了！尤其是有关奥运的知识，没有他不知道的。

由于教练爷爷懂得很多科学健身的知识，所以他的身体很强健、很灵活！

贝贝熊

他所有记忆都和吃有关，比如最大的嗜好就是吃，最想做的事情是吃尽天下的美食，最害怕的事情是饿肚子。噢！对了，贝贝熊不让我跟你们说的！小朋友们一定要帮我保守这个秘密呀！

眼镜熊

眼镜熊很好学，不管走到哪里手里都要拿着他最喜爱的那本书，真是走到哪儿学到哪儿！但眼镜熊可不是个书呆子呀！它很喜欢体育锻炼，最喜欢的运动就是跨栏了，真是个文体双全的好孩子！

笑笑熊

一路吹着泡泡，游遍千山万水！多么悠哉的梦想啊！这便是笑笑熊的梦想。英姿飒爽就是她的性格，从她的梦想里就能看得出笑笑熊最大的爱好就是吹泡泡！

绅士鸭

他的名字叫绅士鸭，看得出来他是一只会享受的鸭子。在阳光明媚的日子里，绅士鸭还会轻轻地踮起脚尖为大家跳上一段优雅的鸭式芭蕾舞！

开开

开开，一个聪明的小精灵，没有什么是他不会的，任何科学问题都难不倒他。

目　录

投篮 也 疯狂

投篮的命中率是篮球比赛的胜利之本

今天天气真是好啊！

贝贝熊，一起去投个篮吧！

不知道篮球吗？

投篮？用什么投啊？

当然是篮球啦！动一动脑子吧！

扣篮动作的特点

动作快速、出手点高、准确、很难封盖。要求运动员有很强的弹跳力、爆发力及滞空能力。在NBA（美国职业篮球联赛）的赛场上，扣篮时有出现，使比赛变得精彩纷呈。为此，在NBA赛事中还专门设立了扣篮比赛。

看我怎么**防**

篮球的防守战术非常重要

贝贝熊，你天天练习真是辛苦啊！快来我家喝一碗冰凉的绿豆沙吧！

谢谢妹妹，我不渴，我要练得像眼镜熊一样，成为一名灌篮高手。

光成为灌篮高手还不够吧，防守战术也很重要呀！

什么事儿啊？贝贝熊！

眼镜熊，我要向你请教篮球的防守战术。

哈哈！看来你对篮球的热情很高嘛，没问题！

说起篮球的防守战术，就要从最原始的防守方式说起了。

防
攻
防
防
攻
攻
攻

每个防守队员只盯自己所防的进攻队员。

比如，你要防守笑笑熊，你就只管盯住她就行了。

随着篮球运动的发展，慢慢出现了紧逼防守运动的技术和战术。

还有攻击型防守，也就是你不要被动地去防守，而是积极地一边进攻一边防守。

攻击型防守就是迫使对方犯错误，进攻积极，节奏加快。

我们将组织一场篮球赛，慢慢大家就知道了。

人盯人防守

加强了攻击性，积极地运用抢、打、断、掏、封、堵、围、夺、夹球等技术，组织协防、补防、交换、夹击等防守配合，向进攻者施加压力，破坏对方的进攻战术配合，打乱对方的进攻节奏，改变对方的习惯打法。

篮球 的妙传

合理的传球方式创造良好的投篮机会

篮球太难传了，我总是传不好，一不小心就传丢了。

怎么办呀？再过几天就要参加篮球友谊比赛了。

真是着急呀！

不如我们一起去请教一下教练爷爷吧。

好！

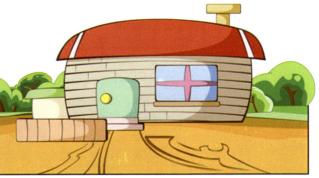

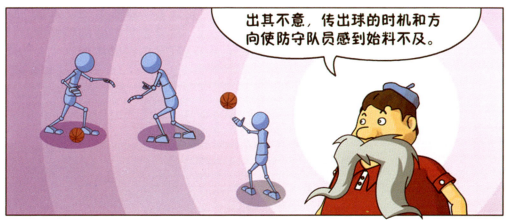

及时到位，球的落点恰到好处，使接球队员接球后能得心应手地做出下一个动作。

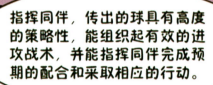

指挥同伴，传出的球具有高度的策略性，能组织起有效的进攻战术，并能指挥同伴完成预期的配合和采取相应的行动。

直接攻篮，接球队员在得球后，具有直接攻篮的威胁或进行攻篮的连续动作。

篮球运动的作用

由于篮圈在空中，而球可能处在任何位置，所以篮球场上要展开地面与空间的全方位立体对抗，而且所有的行动都要受到对手的制约。这能有效地促进参与者的心理、技能、观察、应变等综合能力的提高，锻炼和培养参与者发现问题、分析问题和解决问题的能力。

我要学游泳

依照夹水推进原理的游泳是最早的游泳方式

我就是传说中的旱鸭子，天气这么热，好想学游泳啊！

这次换一个大一点儿的游泳圈。

嘿嘿！这么热的天还不去海里游泳啊？

奥运会的科技传奇

单手投篮也疯狂——运动的技术含量

23

眼镜熊，你看到过青蛙游泳吗？你要像青蛙一样两腿用力夹水，利用夹水所产生的反作用力，推动身体前进。

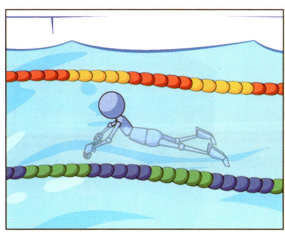

蛙泳

一百多年前，当自由泳尚未出现时，人们模仿青蛙游水的方式进行生产活动、横渡海峡、参加比赛。人们认为游泳应像青蛙一样，两腿用力夹水，利用夹水所产生的反作用力，推动身体前进。古典式蛙泳的夹水动作、侧泳腿的剪夹动作就是实例。

奥运会的科技传奇

游泳的新本领

除了夹水推进原理，还有推进升力理论

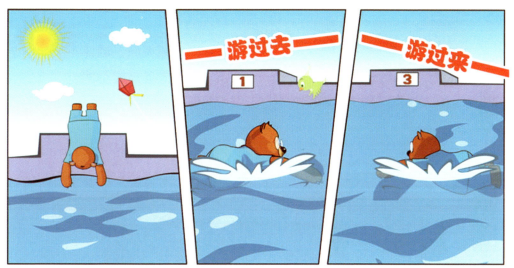

游过去 1

游过来 3

你都多大了，还用游泳圈。

你干嘛扔掉我的游泳圈！

27

你们的蛙泳游得不错啊！不过怎么只会这一种呢？

笑笑熊，蛙泳不是最厉害的吗？

当然不是啦！看我给你们示范一下！

太棒了，你不用双腿夹水，也可以向前进吗？

那当然，夹水其实并不是游泳的主要推进力。

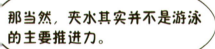

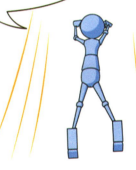

当你的身体达到一定速度时，可以产生一种升力，这种升力就可以产生推进力。

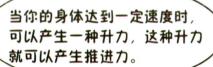

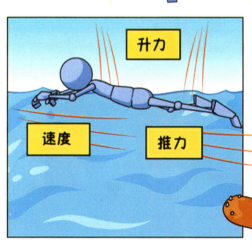

升力

速度

推力

太棒了，笑笑熊，我们要拜你为师，赶紧来教教我们吧！

我们在染色的水中做游泳试验时，发现夹水时，染了色的水并没有后退，只是在腿部周围打转，证实了夹水不是主要推进力。

非常荣幸，咱们开始吧！

推进升力理论

人体在低速牵引时，腿下沉，当速度增加时，腿上升。当游速达到0.61米/秒时，开始产生升力。当游泳选手完全利用升力做推进力的话，其划水的路线与水流方向必须形成一定的夹角。

游泳也能划曲线

曲线推进理论是运动员快速游泳的重要依据

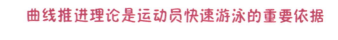

今天有奥运会的游泳比赛，一起来我家看吧？

太好了！我马上就到。

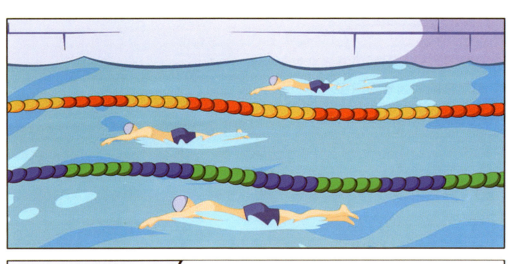

你知道吗？据说利用光点描述器拍摄游泳运动员的划水路线，发现所有游泳动作都是呈曲线形的。

曲线？不知道啊！看不出来啊！

你当然看不到，那得用专业的设备拍摄才行。

据说自由泳、仰泳、蝶泳是"S"形，蛙泳呈"倒心"形。

螺旋桨推进器？这种说法不错，改天我要找个设备去拍摄，验证一下是否真的是这样。

螺旋桨推进器

　　利用光点描述器拍摄游泳运动员的划水路线，从侧面看，手的划动在上下之间找"静水"；从正面看，手的划动在左右方向之间找"静水"。人们把这种划水方式比喻为"螺旋桨推进器"。

可爱 海豚 游泳术

来看看海豚游泳的奥秘

贝贝熊，你乐什么呢？

嘿嘿！心情好就是心情好，谁也挡不住呀！

哎呀！你真是心宽体胖啊！

你说对了！

去过海洋公园吗？

没有呢！海洋公园？很想去啊！

别在这里傻乐了。

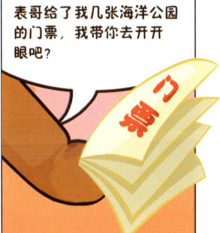

表哥给了我几张海洋公园的门票，我带你去开开眼吧？

那简直是感激不尽啊！

这里真热闹啊！嘿嘿！

可不是嘛！我们一起去看海豚表演吧？

太好了！太好了！

海豚表演

马上开始

自由泳纪录

我们知道，目前男子100米自由泳世界纪录是47.05秒，相当于2.1米/秒；男子1500米的世界纪录是14分34秒14，相当于1.7米/秒左右，但海豚的游速每小时可达70～100千米，相当于平均23.6米/秒，是人类最高游速的11倍，也就是说海豚的100米纪录应为4.2秒。

乒乓球？

快攻

快攻类打法是中国重要的一种乒乓球战术

四年一次的奥林匹克运动会又开始了，体育频道天天都在直播，真是烦死啦！

为什么烦啊？有体育赛事多好啊！

我最喜欢看电视连续剧啦！才不要看什么体育节目呢！

哎，不关心体育运动的人是懒惰的人。

我才不懒惰呢，体育赛事里我唯独喜欢一种，就是奥林匹克运动会中最小的球类运动。

乒乓球啊！

没想到你还爱好乒乓球呢！

那当然，只需要一张球案，两个拍子，一张球网，一个小小的乒乓球就搞定了。

有一定道理。

说不定现在还有直播呢！

奥运会的科技传奇

你们不能只看热闹啊？知道打乒乓球最重要的四个条件吗？

乒球拍2个、乒球1个、球案1个、乒球网一个。

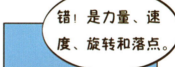

错！是力量、速度、旋转和落点。

教练爷爷，我看他们打乒乓球的时候速度好快啊！我为什么打不了这么快呢？

这叫快攻类打法，这是我国运动员的传统打法。

单手投篮也疯狂——运动的技术含量

果然很快啊！快攻类打法虽然动作幅度很小，但是运动员们步伐移动非常灵活啊！

观察得真仔细，快攻类打法的技术特点是站位近台、上升期击球、动作幅度小、步伐移动灵活、低球能回击。

看来我也要学习一下了，估计打乒乓球还能减肥。

快攻类打法

　　快攻类打法为中国运动员的传统打法，从形成到发展已有近50年的历史。从20世纪60年代初起，快攻类打法便进入了世界体育技术先进行列。它的技术风格体现在快、准、狠、变、转上。"积极主动，以快为主，抢先上手，先发制人"是中国运动员的近台快攻型打法的主导思想。

高抛？低抛？发球你会吗

发球也讲究战术

我们一起去打一场正式的乒乓球比赛吧？

规则

正式比赛的规则，你懂吗？

懂一点儿！首先，双方运动员要交换发球。你知道怎么发球吗？

来！让我好好给你讲一下！

你这太不专业了。人家真正的运动员发球都是讲究战术的，我知道的就有低抛发球和高抛发球两种。

高 低

高抛？低抛？听上去很专业的样子。

那当然！

这是高抛。

低抛发球和高抛发球

低抛发球（16厘米左右）：正手平击式发球，直拍正手发下旋球，直拍反手发上旋球。直拍反手发上、下旋球，横拍反手发球，直拍正手发转与不转球，横拍正手发转与不转球，横拍正手发侧旋球。

高抛发球（2米以上）：以直拍正手高抛发球、横拍正手高抛发球和下蹲式发球三种形式为主。

我削，我削，**我削削削**

削球战术，制胜法宝

中国队，加油！

中国队加油！

眼镜熊，你在为什么比赛加油呢？

当然是我最喜欢的乒乓球了。

还说自己喜欢乒乓球，那你会打吗？

不好意思，打的是不怎么样，可难得我有热情啊！

奥运会的科技传奇

慢攻类打法？

除了教练爷爷说的快攻类打法，你还知道别的打法吗？

嘿嘿，不好意思，那你还知道其他的打法？

那当然啦！这几天通过阅读多方面资料，我发现还有一种打法叫作"削球"。

削苹果的削吗？

可不是嘛，那些专业发削球的运动员非常厉害的，一般人都接不住哦！

那我们一起去学习一下削球的技术吧?

好,我们去网上查查这种技术。

http://amuseum.cdstm.cn/
AMuseum/olympics/yd
jsdyj/ppq-31.html

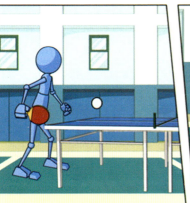

发削球时,需要运动员站位较远,在来球下降后期击球。

它是在来球的速度、旋转减弱的情况下有较充分的准备时间去削接,体现出较好的稳健性。

同时它又有旋转和落点的变化,常会造成对方判断失误和攻击失误,体现出较强的积极性。

奥运会的科技传奇

削球技术

削球技术源于欧洲，其中有正、反削球技术。削球的技术风格体现在"转、稳、低、变、攻"上。技术特点是：防守时体现削球的稳健和进行旋转、落点、节奏变化的积极性，表现出突然性和主动性。

奥运会的科技传奇

要不我们一起出去运动一下吧？

好啊，去打球好了。

好啊！可是打什么球好呢？

这个嘛……对了！羽毛球！我们一起去打羽毛球吧？

好啊。可是我打得不是很好呢！

没关系，咱们边打边切磋啊！

正规的羽毛球比赛是需要网的，我们也就是练练手吧。

打羽毛球是需要移动步伐的，站着不动能接到球才怪！

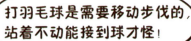

移动步伐？我不知道啊！

让你看看我的移动大法！

开始啦！

弹跳！

这是蹬跨步！

双脚起跳腾空！

全身都要运动起来，瞧我多灵活啊！

这是蹬跨步！

哇！你真是只浑身舞动的熊啊！怪不得你这么苗条呢！

羽毛球

我国羽毛球的技术风格是快速、凶狠、准确、灵活。对技术的要求是"快"字当头，基本技术全面熟练，以攻为主，能攻善守，达到"快、狠、准、活"全面结合。

羽毛球 握拍术

正手握拍和反手握拍

羽毛球打起来可真累啊！

那当然，打羽毛球是非常消耗体力的。

打得我胳膊都酸了。

你呀，胳膊这么快就酸了，握拍的姿势肯定不正确，你握一个给我看看。

不动脑子呀！

右手虎口对准拍柄窄面内侧斜棱，拇指和食指呈"V"字形，相对贴握在拍柄的两个宽面上。

中指、无名指和小指自然握住拍柄，拍柄末端与小鱼际外缘齐平。

食指与中指稍分开，掌心与拍柄应留有空隙。握拍后手臂自然前伸时，握拍的手的前臂与拍杆自然成一直线。

球拍的拍面与地面基本垂直。

那当然，任何一项体育运动都是讲究技术的。除了正手握拍，还有反手握拍呢！

反手握拍？

在还击非持拍手一侧的来球时，采用反手握拍法。

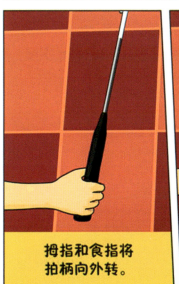

拇指和食指将拍柄向外转。

食指稍微向下，向中指靠拢。

拇指内侧贴在拍柄的内侧棱上或侧宽面上。

这个太难了，你再教我一次吧？

羽毛球击球术

　　羽毛球的击球技术复杂多样，实战中击球点经常会出现在击球者身体的上下、左右、前后各个方向，于是就要打什么样的球握什么样的拍，即打球时经常改变握拍方法。

羽毛球战术我也懂

学习各种羽毛球战术

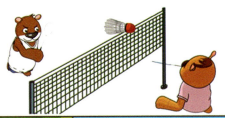

贝贝熊，再去切磋一下球技啊！

我也参加！

没问题，走着。这次咱们去正规的场地练习吧？

太好了！我也想正儿八经地打打呢！

可以啊，贝贝熊，都会跟我吊球了啊！

吊球？没听说过，只不过是觉着打到你的近网区域，你不容易接到罢了。

一刷一

真有悟性！除了吊球，你还会发什么球？

还会发高高的弧线球！

厉害，这个术语就叫作"高球"！

真的？我这么聪明呢？！

还有扣球！

还有吗？

我扣

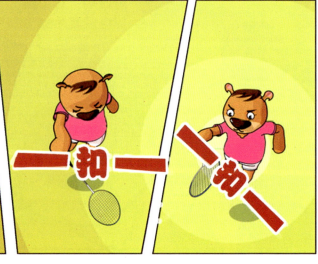

一扣一

一扣一

羽毛球战术

　　高球是击球者将对方击向本方后场区的来球，在自己的头部上方，将其以较高的飞行弧线，还击到对方后场区靠近底线附近的击球方法。吊球是击球者将对方击向本方后场区的来球，将球以向前下方的飞行弧线，还击到对方近网区域的技术方法。杀球指将对方击向本方场区的高球，击球点在头部上方以近似直线快速地向前下方击向对方场区的一种进攻性技术。

110米栏 的技术含量

110米栏分三步走

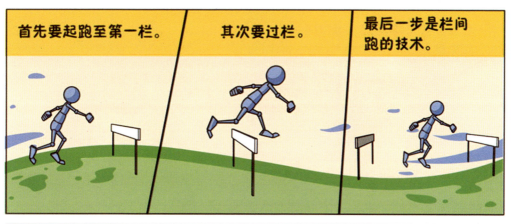

首先要起跑至第一栏。

其次要过栏。

最后一步是栏间跑的技术。

起跑至第一栏的过程与短跑基本相同，一般采用八步起跨。

过栏是跨栏技术的关键部分。

由起跨、腾空过栏……

……下栏着地等动作组成。

最后是栏间跑技术，110米栏间三步步长不等。

步速和支撑、腾空时间的关系都有变化，这就构成栏间跑所特有的节奏。

110米栏栏间跑

第一步的水平速度因过栏有所降低，蹬地起步时膝关节始终伸直，因而第一步步长小于后面两步；第二步的动作结构和支撑及腾空时间关系大致与短跑的途中跑相同；第三步因准备起跨形成一个快速短步，动作特点与跨第一栏前的最后一步相同。

投铁饼

投掷铁饼有窍门

看我投铁饼!

再来一次!

还是不行!

贝贝熊，你这样投铁饼是不对的，很容易伤到自己。

不对？有什么地方做错了吗？

现在投铁饼已经不是过去的正面站立的姿势了，你应该背向旋转投掷。

背向旋转？没听说过啊！

投掷铁饼的技术

随着实践经验的积累和器械、场地、规则等方面的改变以及科学的不断发展，铁饼投掷的技术有了很大的改进，由过去的正面站立、侧向站立和换步旋转投掷等方式，发展成为背向旋转投掷的技术，现在又出现了宽站立、低姿势、背向大幅度旋转投掷的技术。

跳高姿势多

跳高姿势多，你想学哪个？

学校要举办运动会了，我想报名参加。

你？报什么项目啊？

你了解跳高姿势吗？

别看我长得胖，跳高我最拿手。

当然知道了，屈膝蹲跳、双足过杆，瞧我说得专业不专业？

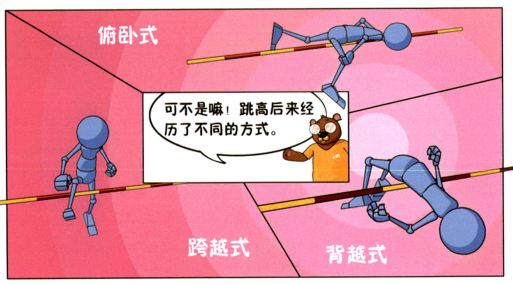

俯卧式

跨越式

背越式

从侧面助跑，用两条腿先后交替过杆的跳高姿势，被称为"跨越式"。

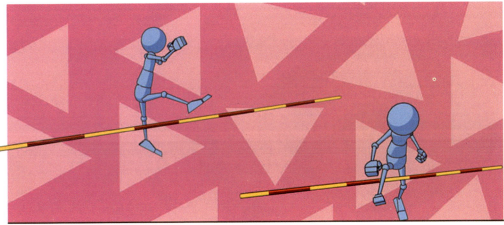

身体各部位在空中以俯卧姿势依次越过横杆的方法姿势，被称为"俯卧式"。

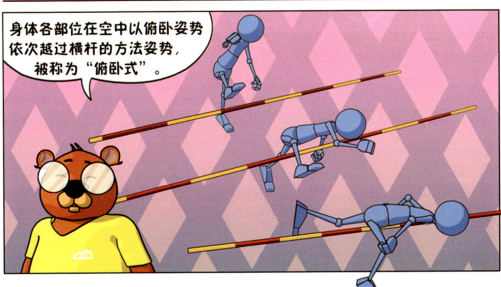

"背越式" 技术

1968年，美国运动员福斯贝里在第19届墨西哥奥运会上，以独特的弧线助跑，单腿起跳、转体背对横杆，头、背、腿依次过杆，然后是肩、背部落地的过杆姿势，跳过2.24米，摘走了男子跳高的桂冠。这种"背越式"技术直流行到现在。

跆拳道——直拳

跆拳道比赛太过瘾了！我要试试看。

我来训练啦！

奥运会的科技传奇

跢拳道都是用腿的，你的手在这里舞来舞去，很奇怪啊？

不对呀？我看到运动员们也都用拳头了啊！

他们是用拳头了，但是用的是直拳，只能用这一种拳法。

原来是这样啊！

直拳目的在于破坏对手法攻击，在腿法攻击技的启动瞬间，起到"制于半式之中"的效果

且在近距离攻击中能抵抗对手猛攻，破坏对手连续攻击或扰乱其战术意识。

这样啊？不好意思啊！

你干吗打我？直拳的击打部位主要是护具包裹的躯体部位，不允许攻击面部的！

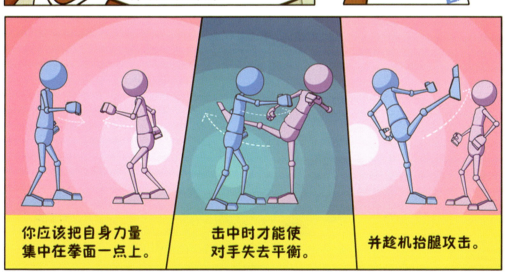

你应该把自身力量集中在拳面一点上。

击中时才能使对手失去平衡。

并趁机抬腿攻击。

跆拳道规则

跆拳道规则规定对抗比赛中的拳法只能用一种拳法，所以也有人将跆拳道称为"八腿一拳"的武道项目，而这"一拳"就是"直拳"。在得分上，一般用拳击打对手，如果不能使其产生明显的身体位移，裁判将不给予计分，所以在比赛场上观众大多看到的是令人眼花缭乱的凌厉腿法，很少能看到跆拳道拳法的应用。

马拉松

马拉松是世界上最长的径赛项目

马拉松，马拉松，马拉马拉马拉松。

是呀，笑笑熊，我们一起去外面观赛吧！

你也听说今天有马拉松比赛？

马拉松到底有多长呢？

这个问题问得好，据我所知，全程马拉松有42.195千米。

90

42.195千米？这么长？

是啊！参加马拉松比赛，必须经过系统训练，调整好身体和精神状态后参加比赛，否则就会失败。

好佩服这些人，他们一定非常有毅力。

是啊！

比赛前身体健康检查合格了，才能参加。

嗯！即使不能拿名次，我觉得能跑完全程马拉松的人也很了不起。

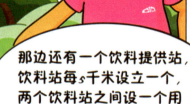

你说得很有道理，快看，他们跑过来了！

那边还有一个饮料提供站，饮料站每5千米设立一个，两个饮料站之间设一个用水站，提供饮水或用水。

饮料站

哦，看来不能喝太多水啊！

奥运会的科技传奇

没错，水的控制非常严格。

水

水在马拉松
比赛中的规定极为严格，
不能让别人递水。除此之外，运
动员只要在裁判的监督下沿正确的
路线比赛即可。

举重

举重分为抓举和挺举

看我强有力的肩膀和肌肉！

哇！肌肉男呀！

可不是嘛，我这是可以用来举重的双臂！

举重？你会吗？

奥运会的科技传奇

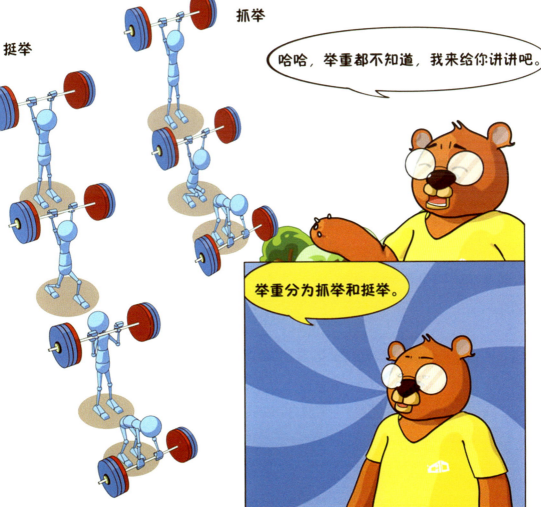

抓举

挺举

抓举

抓举就是运动员将杠铃平行地放在两小腿前面。

两手虎口相对抓杠。

以一个连续动作把杠铃从举重台上举至两臂，在头上方完全伸直。

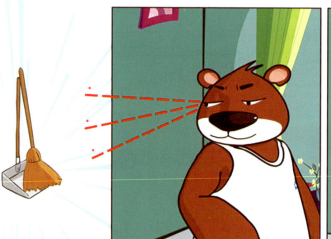

是这样吗？

是呀，你还挺聪明。现在让我告诉你挺举是怎么回事吧！

奥运会的科技传奇

挺举

把杠铃从举重台上提至肩际。

两腿平行伸直保持静止状态。先屈腿预蹲。

接着用伸腿、伸臂动作将杠铃举起至两臂完全伸直，两腿收回，平行保持静止。

做对了。在奥运比赛项目中，要按照抓举、挺举的顺序进行，比赛是要算总成绩的。

看来我得好好练习了，首先得去买个杠铃吧。

杠铃的结构

杠铃由横杠、套筒、卡箍、杠铃片组成。男子杠铃横杠长2.20米，直径2.8厘米，重20千克。女子杠铃横杠长2.15米，直径2.5厘米，重15千克。

奥运会的科技传奇

起跑姿势的演变

起跑姿势变化多

"砰"，只听一声枪响，田径运动员们像离弦的箭一样跑了出去。

加油，加油！

刚才运动员起跑真是太吓人了，不知道的还以为哪里出事了呢？

你是说枪声吗？

当然了，你不觉着枪声很可怕吗？

不会啊！枪声取代"跑"的口令，已经是奥运会很久之前就流行的了。

加油！

然后取消了石块助跑，流行"站立式"起跑，也就是比赛时，运动员站在起跑线上，由裁判员喊一声"跑"，比赛就算正式开始。

再后来，又出现了"分手起跑法"。

运动员们拉着的手被裁判员的身体分开，运动员就全速向前跑去。

那什么时候出现用枪声取代"跑"的口令呢？

101

大概到了19世纪中叶才出现的。后来又出现了"蹲踞式"起跑。

蹲踞式起跑包括"各就位"、"预备"、"跑"三个动作。

原来是这样啊，今天算是长了大见识了，以后我也可以向别人去炫耀了，谢谢你贝贝熊！

哈哈

很乐意为您效劳！

径赛的具体项目

径赛项目中的短跑、短跨和接力项目必须采用蹲踞式起跑，具体的项目有：100米、200米、400米、男子110米栏、女子100米栏、400米栏、4×100米接力、4×400米接力。

小问题：

在羽毛球运动中，常用的步伐有哪几种？

请登录http://amuseum.cdstm.cn/AMuseum/olympics/奥运
博物馆寻找问题答案。